AF563435

EDICT DV ROY, PORTANT CREATION & restablissement des Offices de Procureurs Postulans.

Verifié en la Cour de Parlement, Chambre des Comptes & Cour des Aydes.

Auec la Declaration de sa Majesté.

A PARIS,
Par A. Estiene, P. Mettayer, & C. Prevost, Imprimeurs ordinaires du Roy.

M. DC. XXVII.

Auec Priuilege de sa Majesté.

LOVIS par la grace de Dieu Roy de France & de Nauarre, A tous presens & à venir, Salut. Depuis nostre Edict sur les remonstrances des Estats generaux conuoquez en nostre bonne ville de Paris, & les aduis qui nous ont esté donnez en l'assemblee de Roüen, Nous auons receu nouuelles plaintes de plusieurs Procureurs postulans, tant en nos Cours souueraines que Iurisdictions Royales, subalternes & inferieures, de ce que le nombre estoit tellement accreu & deuenu si excessif en chacune desdictes Iurisdictions, qu'ils ne peuuent plus gaigner leur vie en faisant leurs charges auec honneur & conscience: d'où il aduient que ceux qui n'ont biens & moiens d'ailleurs, sont contrains rechercher diuers artifices & subtilitez, pour multiplier & tirer en longueur les procez par incidens inutils & tres-domageables aux parties, à la honte & au mespris de la Iustice & des Magistrats & Officiers qui sont emploiez à l'exercice d'icelle, Aquoy desirant pouruoir pour le bien de la Iustice & soulagement de nos subjects, Nous nous sommes faict representer l'Edict faict par le Roy Charles IX. en l'annee mil cinq cens soixante douze, pour la creation desdits Procureurs en tiltre d'Office, & reduction à certain nombre reglé & limité en suite d'autres Edicts, & Declarations faictes par nos predecesseurs Roys Louys XII. François I. & François II. celuy faict par Henry III. en l'annee mil cinq cens quatre vingts quatre, diuers Arrests donnez en noſtre Conſeil, du temps du feu Roy noſtre tres-honoré Seigneur & Pere que Dieu abſolue. Leſquels ayãt faict examiner en noſtre Conſeil & conſideré, puis que leſdits Edicts, Declarations & Arreſts n'ont peu empeſcher que leſdits Procureurs n'ayẽt eſté accreuz & augmentez de temps à autre, iuſques à vn nombre ſi exceſſif qu'il excede de beancoup en la pluſpart des Iuriſdictions, celuy à quoy ils eſtoient reduits par les Reglemens ſur ce faicts, qu'il n'y auoit autre meilleur moyen de faire ceſſer cet abus & deſordre, que de faire executer & obſeruer exactement leſdits Edicts & Declarations, les erigeãt de nouueau en tiltre d Office, & les reduiſant à cerain nombre, qui ne pourra eſtre excelé par nous & nos ſucceſſeurs Roys à aduenir, pour quelque cauſe & ocaſion que ce ſoit: y ayant grande raiſon d'eſperer que ce tiltre d'honneur qu'ils auront d'eſtre nos Officiers, en rendra le choix meilleur qu'il n'eſt à preſent, & fera qu'ils ſeront plus ſoigneux d'exercer leurs charges auec honneur & conſcience. SCAVOIR FAISONS, qu'ayant mis cet affaire en deliberation en noſtredit Conſeil, où eſtoiét aucuns Princes de noſtre ſang, autres Princes Officiers de noſtre Couronne, & autres grands & notables perſonnages, DE L'ADVIS d'iceluy, & de noſtre propre mouuement, pleine puiſſance & authorié Royale, Nous auons par cettuy noſtre preſent Edict perpetuel & irreuocable, Dit, ſtatué & ordonné, diſons, ſtatuons & ordonnons, qu'à nul autre qu'à nous n'appartiendra cy-aptes d'eſtablir des Procureurs poſtulans & autres Officiers, en toutes nos Cours ſouueraines & Iuriſdictions Royales de cettuy noſtre Royaume, Terres & Seigneuries de noſtre obeïſſance, comme eſtant vn droict Royal : & faiſons defenſes à tous nos Officiers de quelque qualité & condition qu'ils ſoiét, d'en receuoir & eſtablir aucuns à l'aduenir ſans nos lettres de prouiſió, bien & deuëment expediees & ſcellees de noſtre grand ſceau. En conſequence dequoy, & des Edicts des Roys nos predeceſſeurs, Nous auons en tant que beſoin eſt ou ſeroit, de nouueau creé, & erigé, creós & erigeons par ces preſentes en tiltre d'office formées, toutes leſdites charges de procureurs poſtulás en toutes & chacunes nos Cours de Parlement, grand Conſeil, Châbre des Comptes, Cours des Aydes, Bailliages, Seneſchauſſees, ſieges Preſidiaux, Preuoſtez, Vigueries, Vicomtez, Eſlections, greniers à Sel, & autres Iuridictions Royals, pour y eſtre preſentement par nous pourueu de la personne de ceux, qui sont de present en exercice qui voudront prendre lettres de nous & cy apres vacation aduenant iusques à vn certain nombre moderé suiuant les Reglemens qui en seront faicts en nostre Cōseil, par l'aduis des Officiers de nosdites Cours & Iurisdictions, que nous leur enioignons de nous enuoier incontinent apres la publication de nostre present Edict, pour ioüir par lesdits Procureurs qui payeront la finance à laquelle ils seront moderément taxez en nostre Conseil, & prendront nos lettres de prouision dans trois mois apres la signification qui leur sera faicte, des hōneurs, priuileges, functions, profits & emolumens y apartenans, tels & semblables qu'ils en ioüissent à present bien & deüement. Et afin que ledit nōbre qui sera par nous reglé ne puisse estre excedé,

excedé, Nous declarons nostre vouloir & intention estre que lesdites charges de Procureurs demeurent esteintes & supprimees vacation aduenant par mort, iusques à ce qu'elles soient reduites au nombre porté par lesdits Reglemẽs, sans qu'ils puissent estre restablis, ny ledit nombre augmenté cy apres, pour quelque cause & occasion que ce soit. N'entendons toutesfois que les Procureurs qui sont à present en toutes lesdites Cours & Iurisdictions, & qui exerceront leurs charges en vertu des nominations & Commissions qu'ils ont cy deuant obtenues de nos Officiers, puissent estre contraints de prendre lesdites lettres de prouision si bon ne leur semble, ny qu'il leur soit faict ou donné aucun empeschemẽt en l'exercice desdites charges à cette occasion leur vie durant. Mais afin qu'il y ait quelque distinction entre ceux quiauront l'hõneur d'estre nos Officiers, & ceux qui se contenteront desdites nominations & Commissions, Nous voulons que ceux qui prendront nosdites lettres de prouision puissent resigner leurs charges quand bon leur semblera, tout ainsi qu'il est permis à nos autres Officiers : Et outre que nosdits Procureurs de nos Cours de Parlemẽt & autres Cours souueraines pourueus de nous, soient tenus du corps desdites Cours, & ioüissent des mesmes priuileges & exéptions, tout ainsi que font les Huissiers d'icelles. Et pour le regard desdits Procureurs qui exercẽt leurs charges en vertu desdites nominations & Commissions de nos Officiers, & qui ne prendront nosdites lettres de prouision, ils ne pourront resigner leursdites charges ny ioüir desdits priuileges, Ains voulons que par leur mort elles demeurent esteintes & supprimees, sans qu'il y puisse estre cy apres pourueu par nous & nos successeurs Roys, sinon que le nombre qui sera porté par lesdits Reglemens ne fust remply. Et où par cy apres aucuns Procureurs seroient admis & receus outre ledit nombre en vertu de nos lettres de prouision, & cõmission de nos Officiers par surprise ou autremẽt, Nous auons dés à present Cassé, reuoqué & adnullé, Cassons, reuoquons & adnullons lesdites prouisions & receptions: Faisons defenses ausdits Procureurs de s'immiscer en la fonction desdites charges à peine de faux, & mil liures d'amende, dõmages & interests des parties, pour lesquelles ils auroient occupé faisans expresses inhibitions & defenses aux autres Procureurs sous les mesmes peines, de leur prester leurs noms, ny ſigner pour eux aucuns actes ou appointement. N'entendons par ceſtuy noſtre preſent Edict innouer aucunes choſes, pour les Cours & Iuriſdictions où les Procureurs iouïſſent de leurſdites charges en tiltre d'office, en vertu de nos lettres de prouiſion ou de nos predeceſſeurs Roys deuëment expediees, ny que ceux qui prẽdront noſdites lettres ſoient tenus de ſubir nouuel examen, ny preſter autre nouueau ſerment que celuy qu'ils ont preſté lors qu'ils ont eſté receus.

Si donnons en mandement à nos amez & feaux Conſeillers les gens tenans nos Cours de Parlemens, Chambres des Comptes, grand Conſeil, Cours de nos Aydes, & autres nos Officiers qu'il appartiendra, que le preſent Edict ils ayent à regiſtrer, & le contenu en iceluy faire garder & obſeruer de poinct en poinct ſelon ſa forme & teneur, tant nos Baillifs, Seneschaux, leurs Lieutenans, Conseillers des sieges Presidiaux, Esleus, Grenetiers, qu'autres Officiers des sieges Royaux de ce Royaume. Enioignons aussi à nos Procureurs generaux esdites Cours, requerir l'entherinement de nostredit Edict, & faire iceluy publier & executer en chacune desdites Cours & Sieges, à la diligence & soin de leurs Substituts : Car tel est nostre plaisir, Nonobstant oppositions ou appellations quelsconques, & tous Edicts & Ordonnances, Reglemens, Arrests, Coustumes, vsances, priuileges & autres choses à ce contraires, Ausquelles & aux derogatoires des derogatoires y contenuës, Nous auōs derogé & derogeons. Et afin que ce soit chose ferme & stable à tousiours, Nous auons fait mettre nostre scel à cesdites presentes. Donné à Paris au mois de Feurier, l'an de grace mil six cens vingt, Et de nostre regne le dixiesme. Signé, LOVIS. Et sur ledit reply, Par le Roy, DE LOMENIE. Et à costé, Visa, Et scellé du grand sceau de cire verte sur lacs de soye. Et encor sur ledit reply est escrit,

Leu, publié, registré, present, & requerant le Procureur general du Roy, ordonné que copies collationnees serõt enuoyees aux Bailliages & Seneschaussees, pour y estre leuës, publiees, registrees & executees selon leur forme & teneur. A Paris en Parlement le Roy y seant, le dix-huictiesme Feurier 1620. *Signé*, DV TILLET.

Et encores sur ledit reply est escrit,

Leu, publié & registré en la Chambre des Comptes, ce requerant le Procureur general du Roy par le commandement de sa Majesté porté par Monsieur le Prince de Condé, venu expres en ladite Chambre, ae

ſiſté des ſieurs de Chaſteau-neuf, Preſident Ieannin & Vignier, Cõſeiller en ſes Conſeils d'Eſtat & Priué, le 24 iour de Feurier mil ſix cens vingt. Signé, BOVRLON.

Leu, publié & regiſtré par le commandement du Roy, porté par Monſieur le Prince de Condé, aſſiſté des ſieurs de Chaſteau-neuf, Ieannin & Vignier, Conſeillers au Conſeil d'Eſtat de ſa Majeſté, ouy & conſentant le Procureur general. A Paris en la Cour des Aydes, le 24. Feurier 1620.

Signé. PAVLMIER.

Collationné à l'Original par moy Conſeiller, Notaire & Secretaire du Roy.

www.ingramcontent.com/pod-product-compliance
Lightning Source LLC
LaVergne TN
LVHW010345230826
846091LV00009B/4044

* 9 7 8 2 3 2 9 3 2 6 0 6 1 *